Vom Alpenhirsch bis zum Zwergkondor, von Quastenflossern und Halbaffen: Phantasievoller Nonsens steckt in den Zeichnungen und Versen von Hans Traxlers tierischem ABC. Spielerische Freude am Fabulieren und der so treffliche Pinselstrich machen diese kleinen Geschichten zu einem besonderen Vergnügen für alt und jung.

insel taschenbuch 3117

Hans Traxler

Das ABC der Tiere

B
A
C
Traxler 97

Hans Traxler
Das ABC der Tiere

Insel Verlag

insel taschenbuch 3117
Erste Auflage 2005

Hinweise zu dieser Ausgabe am Schluß des Bandes
Vertrieb durch den Suhrkamp Taschenbuch Verlag
Umschlag nach Entwürfen von Willy Fleckhaus
Druck: Memminger MedienCentrum AG
Printed in Germany
ISBN 3-458-34817-4

1 2 3 4 5 6 – 10 09 08 07 06 05

Das ABC der Tiere

A

Der Alpenkondor
kreist im Blau

Die Antilope
steht im Stau.

B

Der Berberlöwe
ist recht eitel

Der Biber bürstet seinen Scheitel

C

Chamäleone
können schielen

und trefflich nach
Cikaden zielen.

D

Der Dinosaurier
schwimmt im See

Der Dachs
sagt seiner Frau ade.

E

Die Eintagsfliege
ist schon alt

Dem **Eisbär**
ist im Winter kalt!

F

Das Faultier
ist ja heut so fleißig

Die Fledermaus
wird fünfunddreißig!

G

Das Gürteltier
ist gut geschützt

Drum ist der Grünspecht
abgeblitzt.

H

Der Halbaff
ist nicht ganz gescheit

Der Hofhund haßt es,
wenn es schneit.

I

Der Igel trinkt
sein letztes Bier

Die Ibis-Frau
spült das Geschirr.

K

Der Kolibri
wiegt nur 5 Gramm

Das Känguruh
stiehlt ohne Scham

L

Das Lama spuckt
10 Meter weit

Der Leopard sucht
ständig Streit.

M

Im Sommer
tausend Mücken schwirren

Die Möwen schreien
wie die Irren.

N

Die Nachtigall
singt im Theater

Das Nashorn
hört auf seinen Vater.

O

Der Ochsenfrosch
brüllt wie ein Stier

Der Ohrwurm stöhnt:
„Bloß weg von hier!"

P

Der Papagei
spricht sieben Sprachen

Der Pfau
kann da nur drüber lachen!

Q

Der Quastenflosser
sagt: Ich nüke

die Qualle gern
als meine Mütze.

R

Der Rabe klaut,
wo er nur kam

Der Rothirsch ruft:
„So gehts nicht, Mann!"

S

Der **S**torch steht fest
auf einem Bein

Doch leichter
ist es schon zu zwein!

T

Der Tintenfisch
schreibt einen Brief

Der Tukan
lacht sich drüber schief.

U

Der Uhu sieht
auch ohne Licht

Der **Unglücksrabe**
kann das nicht.

V

Herr Fox flieht vor der Vogelspinne

Die Viper hat
nix Güts im Sinne.

W

Das **W**aldhuhn tritt
aus dunklem Tann

Das Wildschwein brummt:
„Na, dann mal ran!"

YZ

Der Yak
lebt oben in den Bergen

Der Zwerghirsch
bei den sieben Zwergen.

Hans Traxler wurde am 21. Mai 1929 in Nordböhmen geboren. Mit 17 Jahren verkaufte er seine erste Karikatur an eine Münchner Illustrierte. 1951 ging er nach Frankfurt am Main und studierte dort von 1955 bis 1959 am Städel bei Georg Meistermann und Heinz Rattke Malerei. 1962 war er Gründungsmitglied von PARDON, nach dessen Niedergang legte er 1979 mit den Freunden der später so genannten »Neuen Frankfurter Schule« die TITANIC auf Kiel, das »endgültige Satiremagazin«.
In den 80er und 90er Jahren veröffentlichte er Bildergedichte und farbige Cartoons in den Magazinen der ZEIT, der Süddeutschen und der Frankfurter Allgemeinen Zeitung, die meisten von ihnen sind in zwei großen Sammelbänden im Verlag Zweitausendeins erschienen.
Im Juli 1988 malte Hans Traxler sein letztes Titelblatt für die TITANIC und widmet sich seither der reinen Komik, schreibt und zeichnet Kinderbücher und illustriert Gedichtbände. Er lebt in Frankfurt und auf Reisen.

Zu dieser Ausgabe

insel taschenbuch 3117: Der vorliegende Text folgt der Ausgabe: Hans Traxler, Der Mann, das Schwein und das ABC. Drei Bildergeschichten.